Charles-Hubert Lavollée

La Colonisation moderne

Essai

ISBN : 978-1725810099

10 9 8 7 6 5 4 3 2 1

Charles-Hubert Lavollée

La Colonisation moderne

Essai

Table de Matières

Introduction.

L'ancien système colonial a fait son temps. Il est partout attaqué et discrédité, bientôt il n'en restera plus trace. Durant plus de trois siècles, les colonies ont vécu sous un régime qui les tenait enchaînées sous la dépendance absolue des métropoles et assujetties à la plus étroite tutelle. Cet état de choses n'est plus d'accord avec les opinions ni avec les intérêts de notre époque, et il doit nécessairement disparaître; mais on se trompe gravement et l'on commet une véritable injustice quand on condamne, au nom des principes modernes, la politique que tous les peuples ont adoptée dans l'origine à l'égard des colonies. Pratiquée par de grandes nations, dirigée par de puissants génies, parmi lesquels, pour ne citer que les nôtres, se rencontrent Richelieu et Colbert, cette politique ne mérite assurément pas les dédains des hommes d'état, ni les anathèmes de la science. S'il est aisé de démontrer que le maintien de l'ancien système colonial est devenu impossible, il ne s'ensuit pas que ce système ait été autrefois une erreur et une folie. Il faut se mettre en garde contre ces attaques trop faciles qui, remontant ainsi vers le passé, vont frapper les institutions dans leur berceau.

Les premières colonies ont été traitées en pays conquis, c'était l'esprit du temps. L'Europe, qui ne connaissait alors ni la liberté religieuse ni la liberté politique, ne pouvait évidemment pas les donner à ses nouvelles possessions. La liberté commerciale lui était également inconnue; comment les métropoles auraient-elles établi dans les colonies un régime différent de celui qu'elles observaient pour elles-mêmes? Les capitaux étaient rares, et pour mettre en valeur les vastes domaines découverts au-delà des mers, on dut encourager les grandes compagnies fondées sur le monopole. Dans quelques régions, l'impossibilité de trouver des bras libres pour la culture créa l'esclavage, et à cette époque la conscience des peuples les plus éclairés n'éprouvait point de répugnance contre ce crime social, érigé bientôt en institution. Telles sont les conditions qui ont pesé sur les colonies naissantes et qui se sont perpétuées durant trois siècles. Aujourd'hui tout est changé : les idées de liberté ont triomphé dans les métropoles; plus de prohibitions ni de monopoles commerciaux : l'abondance des capitaux, le crédit, la promptitude et la régularité des transports maritimes, les ressources de l'émigration, qui peut distribuer sur tous les points du globe le travail libre, tous ces moyens, tous ces progrès sont venus modifier profondément l'économie de l'organisation coloniale. Laissons donc là les récriminations stériles contre un régime qui a vécu et recherchons de préférence quelle peut être aujourd'hui l'utilité des colonies, quels doivent être leurs rapports avec les métropoles, quelles sont enfin les conditions les plus propres à garantir leur prospérité.

Ces questions, les unes théoriques, les autres pratiques, préoccupaient déjà très vivement les économistes du dernier siècle. Adam Smith les a traitées dans l'un des chapitres les plus remarquables de son grand ouvrage, et il les a éclairées de toutes les lumières de son génie;[1] mais, à l'époque où il écrivait, il n'avait à juger que les anciennes colonies d'Amérique et des Indes orientales. Depuis lors, de vastes régions ont été conquises à la colonisation européenne, et le champ des études, des expériences, des systèmes, n'a fait que s'étendre. Les économistes modernes ont donc pu sans témérité reprendre l'œuvre d'Adam Smith, modifier sur certains points les doctrines du maître, et les compléter par des observations nouvelles. C'est en Angleterre, comme on devait s'y attendre, que les questions coloniales ont provoqué le plus de recherches. La colonisation y est enseignée en chaire publique, comme une science d'utilité générale et nationale. Nous avons sous les yeux la seconde édition d'un cours professé par M. Herman Merivale à l'université d'Oxford. Les idées qui sont développées dans ce travail, ainsi que dans les écrits de lord Grey, ancien ministre des colonies, ont exercé une sérieuse influence sur la politique de l'administration anglaise. C'est là que l'on peut étudier le plus sûrement les principes et les procédés de la colonisation britannique en même temps que les doctrines générales dont les métropoles doivent s'inspirer pour le gouvernement de leurs possessions.

---

1 Livre IV, chapitre VII, des *Recherches sur la nature et les causes de la Richesse des nations.*

Section I.

Est-il avantageux pour un état de posséder des colonies? Au premier abord, cette question paraît singulière. Quand on considère le degré de puissance et de prospérité auquel la possession de vastes colonies a élevé successivement l'Espagne, le Portugal, l'Angleterre, la France, la Hollande, il semble que la réponse ne saurait être douteuse. La question a été posée cependant, et elle mérite qu'on s'y arrête. Les adversaires de la colonisation ne contestent pas que la conquête de l'Amérique et des Indes n'ait marqué, dans l'histoire de l'Espagne et du Portugal, une ère très brillante; mais ils sont prêts à démontrer que les colonies espagnoles et portugaises ont plus tard appauvri les métropoles, qu'elles sont devenues un embarras, un fardeau, une source de guerres ruineuses et d'humiliations nationales. Pour l'Angleterre même, ils font le compte des dépenses et des sacrifices énormes qu'ont coûtés les colonies; ils rappellent les millions prodigués et gaspillés dans les guerres avec l'Espagne, avec la Hollande, avec la France, pour la conquête ou la conservation des possessions d'outre-mer. Si on leur objecte l'intérêt commercial, ils répondent par l'exemple de plusieurs grands pays qui, sans posséder aucune grande colonie, entretiennent au dehors un immense trafic. Ils citent les États-Unis, qui n'ont pas même un îlot, et dont le pavillon se montre dans tous les ports du monde; ils citent l'Allemagne, dont les produits apparaissent sur tous les marchés des deux Amériques; ils pourraient également citer la Chine, qui peuple tout l'Orient de ses colons, trafiquant et s'enrichissant à l'abri des pavillons étrangers. ils admettront peut-être que, dans les temps passés, alors que le régime colonial reposait sur les monopoles et sur les restrictions douanières, les nations dépourvues de colonies se voyaient, à leur désavantage, écartées des marchés lointains dont les possesseurs se réservaient l'exploitation exclusive; mais aujourd'hui, disent-ils, sous le régime de liberté et de concurrence qui tend à prévaloir, à quoi bon se donner les embarras et s'imposer les dépenses d'un établissement colonial, puisque les marchés sont ouverts et que chacun peut y échanger ses produits? — Tel est le langage des économistes et des politiques qui dédaignent la propriété coloniale.

Cette argumentation manque de justesse. De ce que l'on voit

des nations atteindre au plus haut degré de la richesse et de la puissance sans posséder une seule colonie, il ne s'ensuit pas que la possession de colonies soit inutile. Tout ce qu'il semble permis d'en conclure, c'est que cette condition n'est point indispensable. Peut-être aussi serait-on autorisé à soutenir que la colonisation ne convient pas également à tous les peuples; mais il n'en demeure pas moins certain que plusieurs nations de l'Europe sont en grande partie redevables de leur prospérité, de leur influence politique, à la situation favorable des territoires qu'elles occupent au-delà des mers. Se figure-t-on ce que serait l'Angleterre, si elle n'avait point de colonies? Et la Hollande! que deviendrait-elle sans Java? Le mouvement industriel de la Grande-Bretagne et le commerce maritime de la Hollande eussent été étouffés dans leur germe, s'ils n'avaient pu s'étendre par-delà les étroites limites de l'Europe et trouver en Amérique et en Asie d'inépuisables ressources d'expansion. Otez à l'Angleterre cette pléiade de colonies que son génie éclaire et que sa loi gouverne à tous les points de l'horizon, et vous n'aurez plus l'empire, le vaste empire britannique. Enlevez à la Hollande le magnifique archipel qui rayonne dans les mers de la Malaisie, et il ne reste plus d'elle qu'un étroit morceau de terre européenne à demi noyé dans l'Océan. L'Espagne n'a jamais été si glorieuse qu'à l'époque où l'un de ses souverains pouvait dire orgueilleusement que le soleil ne se couchait jamais dans ses états, et aujourd'hui encore, bien que son domaine colonial soit très amoindri, la possession de Cuba et des Philippines suffit pour lui assurer une part d'influence dans les affaires du monde. Elle serait plus que mutilée, si elle venait à perdre Cuba. Quant à la France, jadis maîtresse du Canada, de Saint-Domingue, d'une partie de l'Inde, elle regrette amèrement la perte de ses anciennes colonies; elle tente d'énergiques efforts pour fonder de nouveaux établissements en Afrique et en Asie, et ce n'est point assurément pour une puérile satisfaction d'amour-propre que, portant ses vues et son ambition au-delà des horizons européens, elle aspire à se créer de lointains domaines et à compléter sa grandeur.

On oppose l'exemple des Etats-Unis et celui de l'Allemagne. Les Etats-Unis ont trop à faire sur leur propre sol pour songer, quant à présent, à s'épandre au dehors. Ils ont à peupler leurs solitudes du *far-west* et à mettre en valeur l'immense surface de territoire qui s'étend entre les deux océans. Ils se trouvent ainsi dans une situation particulière qui leur permet, qui leur commande même de ne point rechercher les agrandissements extérieurs. Ce serait de leur part un faux calcul que de dépenser au dehors les forces dont ils ont l'emploi chez eux. Pour l'Allemagne, si, tout en envoyant dans les deux Amériques de nombreux colons, elle ne possède point de colonies, cela tient uniquement à sa situation méditerranéenne. La mer lui manque, et elle se voit, à son grand regret, éloignée des entreprises coloniales.

Au point de vue commercial et maritime, si le régime des colonies modernes ne réserve plus aux métropoles le profit exclusif des échanges, si les Américains et les Allemands, par exemple, peuvent trafiquer dans une colonie anglaise presque aussi librement que les Anglais eux-mêmes, l'expérience démontre que, par le fait, les métropoles conservent, dans les contrées soumises à leur tutelle, une situation réellement privilégiée. La communauté de race, l'ancienneté et la permanence des rapports établis, la similitude des mœurs et du langage, leur assurent en général la première place sur les marchés de leurs colonies. Les profits directs et indirects qui résultent de cette activité commerciale compensent, et au-delà, les frais d'administration, qui ne pèsent en apparence que sur les métropoles au bénéfice des concurrents. S'il en était autrement, on ne verrait point s'accomplir les réformes libérales qui font disparaître les monopoles, car en pareille matière ce ne sont point les principes, ce sont les intérêts qui inspirent le législateur, et les métropoles n'ouvrent aux étrangers l'accès de leurs colonies que parce qu'elles y trouvent d'abord leur compte.

Après avoir répondu en termes généraux aux adversaires de toute entreprise coloniale, il nous reste à examiner deux questions très complexes qui ont vivement préoccupé les plus sincères partisans de la colonisation. Comme il est impossible de fonder et d'entretenir un établissement lointain sans une exportation plus ou moins considérable de population et de capital, on s'est demandé quel est pour la métropole le résultat de cette double exportation? Y a-t-il là une déperdition de forces productives ou un accroissement de richesse? L'émigrant qui abandonne la mère-patrie pour aller chercher fortune au dehors lui cause-t-il un préjudice soit temporaire, soit permanent, en la privant du concours de ses bras et en déplaçant son capital? ou bien, par cet exil volontaire, lui procure-t-il un soulagement, quelquefois même un profit immédiat, et dans tous les cas lui ouvre-t-il pour l'avenir de nouvelles sources d'enrichissement? La science économique, qui a l'ambition très louable de ramener à des principes généraux tous les faits appartenant à son domaine, s'est fort ingéniée à la recherche d'une théorie sur l'émigration. Elle n'a point encore trouvé, il est probable qu'elle ne trouvera point la formule d'une loi universelle s'appliquant à toutes les circonstances et à tous les pays. Si toutes les sociétés étaient organisées selon les mêmes lois politiques et économiques, si partout le législateur avait respecté les rapports naturels entre la production et la consommation, la solution du problème serait des plus simples, ou plutôt il n'y aurait point de problème. Il suffisait de laisser agir la liberté. La population, surabondante sur un point, se transporterait là où elle aurait avantage à se fixer; le capital irait chercher le sol qui lui offrirait l'emploi le plus profitable. La répartition de ces deux éléments de production entre les diverses régions de la terre se ferait d'elle-même, dans les proportions convenables et rationnelles, au gré des intérêts individuels et nationaux, d'accord avec les desseins de la Providence, qui nous a livré le globe pour qu'il fût habité et exploité. Mais est-il besoin de faire remarquer combien cette situation, si simple à l'origine, s'est trouvée peu à peu compliquée par l'intervention des lois humaines? Ici la constitution du régime politique créant des classes sociales, des castes, des inégalités artificielles, là le mécanisme du régime fiscal, ailleurs les délimitations arbitraires imposées aux nations, presque partout enfin des circonstances, des caprices contraires à la nature des choses, ont dérangé l'équilibre des éléments économiques. Les relations entre la production et la consommation, entre la population et le sol, entre le profit du capital et le salaire du travail, se sont fréquemment modifiées tantôt dans un sens, tantôt dans l'autre, par l'effet de causes purement locales et temporaires, de telle sorte qu'au lieu de s'attacher à une théorie générale sur l'émigration, l'économiste pratique doit considérer séparément l'émigration dans chaque pays, et déclarer, par la seule observation des faits, si elle présente ici et là des inconvénients ou des avantages.

Les deux pays qui en Europe fournissent le plus fort contingent à l'émigration sont l'Irlande et l'Allemagne. On estime que, depuis le commencement de ce siècle, près de trois millions d'Irlandais ont quitté le sol natal et sont allés se fixer à l'étranger ou dans les colonies. Il ne saurait y avoir de doute sur les bienfaits qu'a procurés à l'Irlande ce déplacement de population : toute discussion sur ce point serait superflue. Moins considérable, l'émigration d'Angleterre et d'Ecosse atteint encore chaque année un chiffre assez élevé, et si dans l'origine quelques hommes d'état ont vu avec défiance ce courant s'établir, les faits se sont chargés d'éclairer complètement la question. L'accroissement normal de la population ne s'est point ralenti; les bras n'ont point manqué au travail de la métropole; aucune des forces productives n'a été atteinte. Aujourd'hui il n'est pas un économiste anglais qui ne regarde l'émigration comme un avantage pour son pays, comme un mouvement naturel et salutaire auquel on doit laisser sa pleine liberté, et qui est à l'abri de tout excès. Si nous nous transportons en Allemagne, nous sommes loin de rencontrer la même doctrine. Dans certains états, l'émigration est déterminée par des considérations tout à fait étrangères à la loi économique : en général, la population n'y est point exubérante, le sol et l'industrie emploieraient aisément tous les bras; mais, sans compter les dissentiments politiques et religieux qui ont agité l'Allemagne et qui ont précipité à diverses époques le mouvement d'expatriation, il y a encore dans l'organisation politique et sociale de plusieurs états, dans la législation relative au mariage et aux successions, dans le système fiscal, des dispositions d'ancien régime qui ont pour effet de multiplier le nombre des émigrants. On ne saurait nier qu'une émigration due à de telles causes ne puisse être dommageable pour l'état, qu'elle prive d'une certaine proportion de bras utiles et de matière imposable. Aussi voit-on la plupart des gouvernements de l'Allemagne opposer des obstacles légaux ou réglementaires au courant qui entraîne au dehors les populations, et la théorie de l'émigration y demeure-t-elle encore très controversée parmi les économistes.

De même, pour l'exportation du capital, les opinions sont différentes selon les pays où le fait se produit. La sortie du numéraire qu'emportent les émigrants ne présente aucun inconvénient dans un état où le capital est surabondant, le crédit facile, l'industrie florissante, le commerce très étendu. Elle peut au contraire sembler préjudiciable pour un état où le loyer de l'argent est à un haut prix, et qui, soit à raison de son infériorité industrielle, soit par suite de sa situation géographique qui le tient éloigné des grands marchés, renouvelle moins promptement son capital. Cependant la sortie du numéraire qui accompagne les émigrants n'exerce en réalité qu'une influence très restreinte sur le chiffre du capital national. D'abord les valeurs ainsi exportées sont relativement peu considérables, attendu que ce ne sont pas d'ordinaire les classes riches qui vont chercher fortune au dehors; ensuite et surtout le capital, sorti par une route, ne tarde pas à rentrer par une autre voie dans tout pays qui lui offre un emploi sur et lucratif. On comprend que les gouvernements de certains états se croient intéressés à arrêter par des entraves légales l'émigration de leurs sujets, car la population ne se remplace pas du jour au lendemain; mais les règlements les plus sévères ou les mieux combinés seraient aussi illusoires pour retenir le capital qu'inutiles pour l'attirer, parce qu'il va et vient sans passeport, il paraît ou se dérobe au gré de son seul intérêt; son niveau monte ou baisse par un mouvement très distinct de celui qui dirige la population. En d'autres termes, grâce à l'extrême mobilité du capital et à la facilité avec laquelle il franchit aujourd'hui toutes les frontières, on le voit s'accroître dans tel pays où l'émigration est très active, et on le voit diminuer dans tel autre pays où l'émigration est inconnue. C'est donc bien à tort que l'on a confondu dans le même raisonnement et dans le même anathème l'émigration des personnes et celle du capital : c'est une erreur surtout de penser que la seconde est nécessairement la conséquence de la première. Il y a là deux, faits très distincts, et, si l'on persistait à établir entre eux une relation, il serai plus rationnel de dire que c'est la rareté du capital qui provoque et précède l'émigration des personnes, en obligeant le travail à se porter vers les contrées qui sont plus abondamment pourvues des sources du salaire.

Quoi qu'il en soit, si certains esprits conservent quelque doute quant à l'influence favorable ou désavantageuse qu'exerce sur la prospérité d'un état l'émigration vers l'étranger, ce doute doit disparaître lorsque l'émigration a lieu d'une métropole à destination d'une colonie. Dans ce cas particulier, tout est profit pour la métropole. Il y a là pour elle, non point une diminution, mais un déplacement et une répartition meilleure de la population et du capital, ce qui doit amener une augmentation de richesse. L'émigrant qui s'établit dans une colonie ne cesse point d'appartenir au domaine national; directement ou indirectement, il continue à fournir sa quote-part au revenu de l'état : sur un autre sol et sous d'autres formes, il demeure contribuable en même temps que citoyen, et les fruits de son travail sur la terre lointaine viennent en accroissement des forces productives de la mère-patrie. Il n'est plus nécessaire de développer à cet égard une démonstration théorique : le capital emporté par le colon retourne à la métropole ; il lui est rendu avec usure par le moyen des échanges qui ne tardent pas à s'établir. L'industrie, le commerce, la marine du pays d'origine s'alimentent à ce nouveau foyer de production et de consommation qui s'ouvre au-delà de l'Océan. Par l'opération féconde de l'aisance et du bien-être, la population de la colonie s'accroît rapidement; les cultures s'étendent, les marchés s'élargissent. Sans doute il y a des exceptions : l'œuvre de la colonisation échoue lorsque le terrain a été mal choisi, et là, comme dans toute entreprise humaine, on observe quelquefois des désastres; mais en général, quand l'émigration des hommes et des capitaux a été abandonnée à son cours naturel, quand elle n'a point été déterminée ou précipitée par des excitations factices, et que par conséquent elle a pu se diriger vers les pays où l'attiraient les conditions les plus favorables, elle se traduit par les résultats que nous venons de signaler. Elle profite à la métropole en faisant refluer vers le point de départ une partie des richesses récemment créées, et elle augmente à la fois le capital et le revenu de la nation.

Ainsi, considérée au point de vue économique, la colonisation ne cause aucun préjudice à la fortune d'un état, et l'on peut ajouter que pour les grandes nations européennes elle est devenue une nécessité de premier ordre. Elle est la conséquence de l'immense mouvement industriel qui depuis 1815 a décuplé le travail des manufactures. Il faut à tout prix accroître les approvisionnements de matières premières et créer des débouchés pour les produits. Les colonies répondent à ce double besoin en activant sur tous les points du globe les progrès de la culture, de la consommation et des échanges. D'un autre côté, si l'on considère le point de vue politique, il est évident qu'avec les colonies les horizons de la vieille Europe se sont singulièrement agrandis. Les questions de prépondérance, les luttes d'influence, se sont transportées au loin. En Asie, en Amérique, la race saxonne et la race latine, représentées l'une et l'autre par de nombreux colons, sont en présence et aux prises. Elles s'y disputent le sol aussi ardemment qu'elles le font en Europe, le sol non pas seulement comme instrument de richesse, mais encore comme signe de puissance, car les nations, aussi bien que les hommes, ont la passion quelquefois vaniteuse de la propriété territoriale. Politiquement et commercialement, l'Europe étouffe aujourd'hui dans ses étroites limites; elle veut du champ et de l'espace, et elle s'empare peu à peu du monde entier. Heureux et habiles les peuples qui ont su prendre et savent garder les devants dans cette concurrence qui s'organise sur toute la surface de la terre! l'avenir leur appartient. Quoi que puissent dire les adversaires de la colonisation, il viendra un temps où la nation qui n'aura point son établissement, sa colonie, en Asie et en Amérique, sera une nation incomplète. Tous les peuples de l'Europe ne sont pas également bien placés pour conquérir ce complément de puissance; mais ceux qui ont des manufactures florissantes et une marine ne sauraient, sans risquer la déchéance, abdiquer l'ambition coloniale. Chose singulière! c'est dans le pays qui doit à l'étendue et à la multiplicité de ses possessions la plus grande partie de sa prospérité et de sa grandeur, c'est en Angleterre que des théoriciens, se prétendant gens pratiques et économes, ont jeté le premier cri : Plus de colonies! Invoquant à faux quelques doctrines éparses dans les écrits d'Adam Smith, ils ne considéraient que les frais de premier établissement, les dépenses militaires et administratives, les embarras secondaires attachés à la garde de ces possessions, où ils se figuraient que l'Angleterre n'avait pas besoin d'être maîtresse du sol pour y asseoir sa suprématie commerciale et son influence politique. — A quoi bon, ajoutaient-ils, sacrifier un si lourd capital pour créer des colonies qui échapperont un jour à la souveraineté de la métropole, pour élever des enfants qui, arrivés à l'âge adulte, auront la volonté et la force de s'émanciper? — Ces paradoxes n'ont reçu qu'un médiocre accueil. Pour toute réponse, le gouvernement et la nation s'emparent à l'occasion de toute terre nouvelle qui leur promet une extension de domaine et un marché. L'Angleterre n'ignore pas ce que lui coûte une colonie, mais elle sait aussi ce qu'elle en retire. Elle pressent que la colonie pourra un jour s'émanciper, mais elle ne s'en effraie pas, et s'y résigne. Son intérêt comme son orgueil se consoleront de voir s'élever successivement à la dignité d'états libres des contrées qui, après avoir rompu le lien de la dépendance politique, conserveront l'empreinte de son génie et demeureront sous la dépendance de son commerce. C'est là, sinon le but, du moins la récompense de la colonisation intelligente et libérale, telle qu'on doit la pratiquer de notre temps; c'est ce qui donne aux colonies modernes un caractère et un aspect nouveaux, qui ouvrent à la civilisation les plus larges perspectives: c'est enfin sous l'inspiration de ces principes d'égalité et de liberté que les métropoles règlent non plus seulement l'étendue de leurs droits, mais encore et surtout l'étendue de leurs devoirs à l'égard de leurs possessions. Voilà comment le régime colonial s'est peu à peu transformé en profitant du progrès général des doctrines politiques et économiques, et comment ont été successivement découvertes et appliquées les combinaisons les plus propres à développer la prospérité des colonies en même temps que celle des métropoles.

Section II.

Il y a, dans le langage usuel, plusieurs sortes de colonies; tantôt ce sont des stations militaires et maritimes, une île postée au milieu de l'Océan, un port qui commande un détroit, par exemple Sainte-Hélène, Malte, Gibraltar, Aden; tantôt des comptoirs où s'élèvent, sous la protection d'un drapeau européen et de quelques canons, des factoreries plus ou moins nombreuses qui entretiennent avec l'intérieur d'un continent ou d'une grande île des relations de commerce : tels sont les établissements de la côte d'Afrique et de Bornéo; tantôt enfin des territoires tout entiers, que la Providence semble avoir pendant des siècles tenus en réserve pour les livrer un jour, avec leur sol vierge et leurs richesses inexplorées, à la domination de l'ancien monde : ce sont les deux Amériques, l'Inde, la Malaisie, l'Australie, dont les plus puissantes nations de l'Europe se sont partagé et disputé la découverte ou la conquête. Les stations militaires ne sont pour ainsi dire que des garnisons préposées à la police des mers au profit du peuple qui y a planté son drapeau. Stériles au point de vue de la production, très onéreuses pour le budget de la métropole, elles procurent à la nation qui les possède le double avantage de la sécurité commerciale et de l'influence. Pour ne pas rendre Malte, un rocher de la Méditerranée, l'Angleterre a violé le traité d'Amiens et rallumé la guerre dans toute l'Europe. Aucun sacrifice ne lui coûterait pour conserver Gibraltar, Aden, Hong-kong, Ces quelques arpents de terre, d'où elle surveille et commande les grandes routes de la mer et à l'abri desquelles pourraient au besoin se réfugier ses escadres, ont plus de prix à ses yeux que les plus florissantes colonies. L'Angleterre est la seule nation de l'Europe qui ait organisé, presque dans chaque océan, ce système de forteresses détachées, rayonnant sur toutes les zones commerciales du monde. Le gouvernement et la nation tiennent peu de compte des doléances qu'ont souvent suscitées les dépenses considérables de ces établissements. Il y a là pour la Grande-Bretagne une nécessité de défense et un intérêt de prestige qui dominent toutes les objections financières. La France possédait autrefois, dans les colonies qu'elle a perdues, quelques-uns de ces points stratégiques qui assuraient et complétaient sa puissance maritime. Aujourd'hui malheureusement elle se voit presque désarmée sous ce rapport, et ce n'a pas été l'un des moindres soucis des gouvernements qui se sont succédé depuis la restauration de chercher des stations nouvelles pour le salut ou le ravitaillement de ses escadres en cas de guerre. L'occupation de Saigon, sur la côte méridionale de la Cochinchine, a sans doute été déterminée principalement par l'intérêt politique et militaire. Quoi qu'il en soit, cette question des forteresses maritimes ne se rattache point nécessairement à la question coloniale, telle que l'ont étudiée les économistes, et nous n'avons point à nous y arrêter.

Il en est de même de ce que l'on désigne sous la dénomination de factoreries, de comptoirs commerciaux. Le génie colonisateur d'un peuple n'a point à se déployer dans ces escales restreintes où il ne s'opère qu'un échange quelquefois intermittent de marchandises avec les régions voisines, dont l'entière possession par la conquête serait ou peu avantageuse ou trop difficile. Les premiers comptoirs que le Portugal, l'Espagne, la France et l'Angleterre avaient établis sur la côte occidentale de l'Afrique étaient principalement alimentés par la traite des nègres : depuis que la traite a été supprimée, ils continuent à servir d'intermédiaires pour les relations de l'Europe avec les tribus de l'intérieur du continent, relations qui depuis quelques années ont acquis beaucoup d'importance, mais pour lesquelles il n'est point nécessaire d'entreprendre l'occupation de territoire où la population est très rare et le climat contraire à la race européenne. Quelquefois, ainsi que cela a eu lieu dans l'Inde, l'installation de factoreries a été un acheminement vers la conquête; ailleurs on n'y a eu recours que pour créer et concentrer le mouvement des échanges sur les points les plus favorables de certains pays trop vastes pour être attaqués par les armes ou habités par des populations trop rebelles au contact des étrangers pour se prêter à des relations générales et régulières : c'est ce qui s'est pratiqué longtemps et se pratique encore dans quelques villes du littoral de la Chine et au Japon. Ces factoreries ont éprouvé les fortunes les plus diverses; quelques-unes sont demeurées florissantes. Ce sont des créations de l'instinct commercial; il n'y a point là de travail colonisateur.

Nous arrivons enfin à ces vastes espaces de terre où la race européenne, depuis la fin du XVe siècle, date de la découverte de l'Amérique et du passage du cap de Bonne-Espérance, a transporté ses émigrants, ses capitaux, son gouvernement, sa langue, son génie. Voilà le véritable terrain colonial, défriché par le travail des générations qui nous ont précédés, et cultivé avec plus ou moins de succès par les différentes métropoles. L'Amérique tout entière, l'Inde, les archipels de la Malaisie, l'Australie, les deux extrémités nord et sud de l'Afrique, tels sont les points que la civilisation de l'Europe a successivement visités et envahis, tantôt par la force des armes, tantôt par l'expansion pacifique de l'agriculture et du commerce, quelquefois aussi au moyen de la propagande religieuse. Tous les procédés ont été employés à ce grand travail par lequel la race blanche accomplit ses destinées. Ici l'Européen n'a eu que la peine de débarquer sur une terre déserte qui semblait l'attendre depuis des siècles, et qui lui offrait les faciles prémices de sa fécondité. Là il a rencontré des populations qui, au premier signe, l'ont reconnu pour maître et lui ont livré leur territoire presque sans combat. Ailleurs il a eu à lutter contre des races vigoureuses qui lui ont disputé leur indépendance et leur sol. Ces trois actes, la simple occupation, l'invasion pacifique, la conquête, exigent des moyens très différents. Dans le premier cas, il faut tout créer, tout apporter de la métropole; dans le second, on peut mettre à profit et discipliner des forces existantes; dans le troisième, l'œuvre coloniale est précédée d'une œuvre de destruction!. C'est évidemment cette dernière condition qui présente le plus de difficultés et de lenteurs. Un sol déjà peuplé et cultivé devrait, à ce qu'il semble, être plus favorable pour la colonisation que ne l'est une terre déserte, car il possède la main-d'œuvre. Cependant il n'en a pas été ainsi. C'est dans les régions où l'Européen s'est vu livré à ses seules ressources, où il a travaillé seul, c'est par exemple dans les anciennes colonies de l'Amérique du Nord, de nos jours en Australie, que le développement de la population et des richesses a été le plus extraordinaire et le plus prompt. « Une colonie d'hommes civilisés, a dit Adam Smith, qui prend possession ou d'un pays désert, ou d'un pays si faiblement peuplé que les naturels font aisément place aux nouveaux colons, avance plus rapidement qu'aucune autre société humaine vers un état de grandeur et d'opulence. » Et le célèbre économiste explique très clairement que ces premiers colons, appliquant sur une terre facilement acquise et presque exempte d'impôts les procédés de culture les plus perfectionnés, réalisent immédiatement de larges profits, que l'abondance des profits amène la hausse des salaires, que la hausse des salaires appelle les ouvriers du dehors, que le bien-être général et l'accroissement de la population s'ensuivent naturellement, et que la colonie nouvelle arrive ainsi à la prospérité et à l'opulence.

Quand il traçait ce brillant tableau, Adam Smith avait devant les yeux les colonies anglaises de l'Amérique du Nord, dont la fortune, ainsi qu'il le faisait remarquer avec raison, devait être attribuée, non point seulement aux excellentes conditions du climat et du sol, mais encore à l'influence d'une législation libérale. Toutefois cette argumentation, par laquelle il démontre les avantages d'une colonie nouvelle se formant de toutes pièces avec l'élément européen, est plutôt l'explication d'un fait que l'exposé d'une doctrine. La colonisation purement européenne a réussi, par ses seules ressources, dans l'Amérique du Nord, parce que le climat s'y prêtait facilement au travail de la race blanche. Il en a été de même pour la Californie et pour l'Australie, dont on ne pouvait encore, au temps d'Adam Smith, entrevoir les merveilleuses destinées. Tout ce que l'on doit inférer de ces exemples, c'est qu'une métropole à la recherche d'une colonie doit choisir de préférence une région où elle n'ait à combattre ni la résistance d'une nation indigène ni les obstacles naturels que lui opposerait un sol ingrat ou un climat insalubre, la population et la richesse se multipliant avec une grande rapidité sur une terre libre et vierge, pourvu qu'elles ne soient point entravées par de mauvaises lois. Mais toutes les régions où se porte l'entreprise européenne ne se trouvent point dans ces conditions privilégiées, et, pour être complète, l'étude des questions coloniales doit s'attacher principalement à résoudre les problèmes difficiles que présente l'établissement d'une métropole dans un pays déjà occupé, où se rencontrent des éléments hostiles, qu'il faut convertir en instruments de production et de richesse. Il ne suffit pas de considérer les colonies où tout a été créé à l'aide des ressources importées de la mère-patrie; il convient aussi d'examiner les colonies mixtes, c'est-à-dire celles où les immigrants d'Europe sont venus s'établir à côté ou plutôt au-dessus d'autres races, dont ils ont sollicité, quelquefois même asservi le travail sous des climats contraires à la race blanche. Là se présentent des complications de toute nature, et l'on en est encore, après trois siècles d'expérience, à rechercher les meilleures règles pour le gouvernement et l'administration de ces colonies. Essayons donc de recueillir, parmi les enseignements du passé, les principes qui peuvent être considérés comme acquis à la science coloniale, et que démontrent, soit les succès obtenus par les métropoles qui les ont appliqués, soit les échecs subis par celles qui les ont méconnus.

La direction d'une entreprise coloniale est plutôt une œuvre économique qu'une œuvre politique; dans tous les cas, les avantages politiques qu'une métropole espère retirer d'une colonie, au profit de sa grandeur et de son influence, ne peuvent être que le prix d'une bonne gestion économique, d'où il suit que les intérêts matériels figurent nécessairement en première ligne. Il s'agit d'abord d'organiser, dans le pays où l'on s'établit, la culture rapide du sol et l'échange des productions. Les institutions politiques viennent ensuite comme le complément et le couronnement de l'édifice. Non point qu'il soit indifférent pour une colonie nouvelle d'être livrée à l'anarchie ou à de mauvaises lois; mais ce qu'il importe de former premièrement, ce sont des cultivateurs et non des citoyens. C'est donc par le sol qu'il faut commencer.

Dans les régions que n'habite point une race indigène ou qui ne sont habitées que par des peuplades sauvages et rares, la terre s'offre d'elle-même au premier occupant. L'immigrant européen s'établit où il peut et où il veut, sans autre règle que son caprice, sans autre guide que l'aventure, sans autre loi que l'intérêt. Il est propriétaire et maître de tout ce qu'il cultive; il prend la terre, il l'abandonne, il creuse çà et là ses sillons nomades dans des champs qui, pour lui, n'ont point de limites, et dont-la possession ne lui est disputée par aucun droit. Dans cet état rudimentaire de la création coloniale, l'individu domine, la société n'existe pas encore; mais, pour peu que la terre soit féconde, l'individu se multiplie par la famille. Les groupes se rapprochent, les premiers villages se fondent, et aussitôt apparaît la nécessité d'une loi qui règle l'acquisition de la propriété. Cette loi, dans les différentes colonies européennes, s'est inspirée de deux systèmes. Ici, elle réserve au gouvernement, soit métropolitain, soit colonial, la faculté de concéder directement des lots de terre; là, elle met le sol en vente et ne le livre que contre une somme d'argent, ou contre une promesse de paiement garantie par le travail.

Les métropoles qui ont pratiqué le régime des concessions se sont proposé de hâter le peuplement en offrant aux immigrants l'attrait de la propriété facilement acquise et de régulariser le mouvement de la colonisation en l'appelant sur les points que l'intérêt politique ou l'intérêt commercial recommandait de préférence. On l'a appliqué tantôt au profit de grandes compagnies, tantôt au profit de particuliers, et presque partout l'expérience lui a été contraire. Parmi les compagnies qui, au XVIIe et au XVIIIe siècle, ont été formées en Europe pour l'exploitation agricole des terres du Nouveau-Monde, aucune n'a réussi; presque toutes ont éprouvé des désastres. Les concessions individuelles n'ont pas été plus prospères. Ce régime est arbitraire et accompagné de restrictions qui le rendent stérile. L'état, qui concède la terre à qui il veut, se croit le droit d'imposer, en échange, des conditions qui pèsent sur le travail, et il prescrit des formalités qui éloignent les capitaux et les bras. La gratuité du sol n'est qu'un leurre pour le colon quand celui-ci se trouve sous le coup de conditions résolutoires qui compromettent l'avenir de sa concession; elle retarde et met en péril l'œuvre de la colonisation, qui risque de voir immobiliser pendant un temps plus ou moins long entre les mains de détenteurs peu sérieux et impuissants, et pour ainsi dire de colons officiels, une partie du sol. De nos jours, ce système a été appliqué en Algérie : on sait ce qu'il a produit. Il est également en vigueur dans quelques contrées de l'Amérique du Sud, où les gouvernements essaient d'attirer les émigrants européens par l'appât de lots de terre; ces essais n'ont amené que des déceptions. Enfin la concession directe et gratuite est entachée d'un vice radical en ce qu'il substitue l'action administrative à l'action individuelle et la réglementation à la liberté. L'homme ne s'agite pas quand l'administration le mène : il n'a point le stimulant de la responsabilité, l'initiative lui est interdite. Les exemples que l'on pourrait citer de quelques colonies militaires florissantes sous le joug administratif ne sont que des incidents sans valeur dans l'histoire de la grande colonisation. La concession n'est donc point, à vrai dire, un système, c'est un simple expédient, et les métropoles, éclairées par l'expérience, feront sagement d'y renoncer.

La vente des terres ne provoque point les mêmes objections. Ce mode offre, en premier lieu, l'avantage de faire au colon une situation nette en lui procurant la sécurité pour l'avenir, et de constituer la propriété en créant de véritables propriétaires. Alors que le concessionnaire gratuit peut n'être point pressé de mettre en valeur le lot de terre qui lui a été donné, l'acheteur qui a déboursé un capital, si minime qu'il soit, est intéressé à cultiver sans retard pour obtenir l'intérêt de ce capital engagé. Par le fait de l'achat, le nouveau propriétaire a manifesté l'intention sérieuse de concourir à la colonisation; le voici désormais attaché au sol par le prix même que celui-ci lui a coûté : lien matériel et moral tout à la fois qui le retient et le soutient au milieu des épreuves auxquelles sont toujours exposées de telles entreprises. On ne doit avoir qu'une médiocre confiance dans ce futur colon qui commence par pétitionner pour obtenir une concession quelconque, et qui se réserve de la laisser là, si elle ne lui convient pas. On peut au contraire se fier à celui qui a choisi son champ et qui l'a payé. En outre l'acheteur ne demande à acquérir que l'étendue de terre qui est en rapport avec ses ressources de capital et de travail, tandis que le concessionnaire, qui n'est point intéressé à faire le même calcul, sollicite et obtient souvent au-delà de ce qu'il est en mesure de cultiver. Or il n'est point besoin de démontrer combien il importe que, dans une colonie nouvelle, l'étendue de la propriété soit en proportion avec les moyens de culture. Concéder cent hectares à un colon qui ne pourra en faire valoir que dix, c'est tout simplement prononcer un arrêt de stérilité contre les quatre-vingt-dix hectares que le trop heureux concessionnaire sera forcé de laisser en friche, c'est constituer le désert au lieu d'étendre la colonisation. On a, il est vrai, exprimé la crainte que ce système de vente n'engageât des spéculateurs à se procurer à bas prix, dans les emplacements les plus favorables, de vastes terrains avec la seule pensée de les revendre plus tard, de telle sorte que, jusqu'à ce moment, le sol demeurerait sans culture. L'inconvénient, s'il existe, ne peut être que de très courte durée. Dans les colonies comme dans les métropoles, la spéculation sur les terrains est très hasardeuse; le détenteur se lasse vite d'une opération qui immobilise son capital, et son intérêt l'exciterait bien plutôt à mettre en valeur une partie de sa propriété pour donner au reste la plus-value qu'il attend. Au surplus, l'expérience est là. Dans l'Amérique du Nord et en Australie, la terre se vend et ne se donne pas : le développement régulier de la population et des cultures y a proclamé l'existence de ce système.

L'un des premiers soins de toute administration coloniale qui dispose de terrains vagues doit donc être de former le cadastre et d'organiser la vente, en adoptant le mode le plus simple, en se montrant sobre de formalités, et en fixant autant que possible un prix qui soit assez élevé pour imprimer à la transaction un caractère sérieux et qui soit en même temps assez modique pour attirer les acheteurs. Quelquefois, dans les contrées favorables à l'élève des bestiaux, un système particulier de tolérance ou de location précède et prépare la période de vente. Jusqu'à ce que les progrès du cadastre aient constaté officiellement la mainmise de l'administration sur les terres libres, le premier occupant s'établit sur des espaces plus ou moins étendus, soit à titre gratuit, soit moyennant un loyer très faible; puis, lorsque les opérations du cadastre arrivent jusqu'à lui et que par cela seul la terre est en vente, il obtient la préférence sur tous autres acheteurs, s'il veut acquérir le terrain qu'il occupe en payant le prix fixé. Cette combinaison, qui a produit en Australie de bons résultats et qui a contribué à y créer une grande richesse pastorale, aboutit dans tous les cas à la vente; elle entretient pour ainsi dire des acheteurs surnuméraires qui se voient nécessairement entraînés vers la propriété, et elle fournit une race particulière et bien précieuse de futurs colons.

La constitution régulière et définitive de la propriété, la délimitation exacte des domaines, tels sont les principaux avantages du système de vente appliqué dès le début de la colonisation. Lorsque les métropoles européennes se sont trouvées en présence d'une nombreuse population indigène déjà établie sur les territoires qu'elles avaient occupés ou conquis, par exemple au Mexique, au Pérou, dans les Indes, et plus récemment en Algérie, elles ont ordinairement maintenu le régime territorial tel qu'il était organisé avant leur prise de possession. Rien de plus facile que de respecter les traditions anciennes et de conserver les principes et les usages consacrés par le temps; rien de plus hasardeux, surtout pour une autorité nouvelle, que de toucher même légèrement aux assises de la propriété. Enfin, comme la plupart des législations américaines et asiatiques attribuaient aux souverains la propriété absolue du sol et aux sujets un simple droit d'usufruit, les métropoles ont cru trouver leur profit à se substituer purement et simplement aux pouvoirs qu'elles venaient de déposséder et à hériter de leurs prérogatives. Cependant, il faut bien le dire, cette politique conservatrice a été le plus souvent contraire aux progrès de la colonisation. D'une part, l'ancienne population indigène, ne cultivant le sol qu'en vertu d'une faculté d'usufruit qui peut être arbitrairement taxée, modifiée ou retirée, ne travaille qu'au jour le jour, sans fixité, sans esprit de suite. D'autre part, cette incertitude dans l'état de la propriété et dans l'étendue des terres disponibles crée de graves difficultés à l'établissement des immigrants européens. Cet inconvénient se produit surtout dans les contrées où, comme en Algérie, la population indigène a les habitudes de la vie nomade, parce que là chaque tribu s'approprie plus de terre qu'il ne lui en faut, et que l'excédent est ainsi enlevé au travail utile. Il semble donc que dans ces colonies mixtes comme dans les colonies peuplées presque uniquement d'Européens les métropoles devraient se dépouiller sans hésitation de la toute-puissance territoriale, introduire le mécanisme du cadastre, reconnaître aux familles indigènes un droit absolu sur le sol qu'elles sont en mesure de cultiver, en un mot organiser définitivement la propriété. Cette tâche est assurément délicate et difficile; mais si l'exécution réclame de grands ménagements, le principe est certain. Sur quelque terrain que l'on se trouve placé, la constitution et la délimitation de la propriété sont les conditions premières et indispensables de toute œuvre coloniale.

Il importe, en second lieu, de procurer à la colonie les instruments de travail, c'est-à-dire la population agricole proportionnée au capital qui peut lui faire l'avance du salaire et à l'étendue de terre qui s'offre immédiatement à la culture. Le problème se présente sous des aspects très variés. Tantôt la colonie que l'on veut fonder a devant elle un territoire désert ou imparfaitement peuplé avant l'arrivée des Européens; il faut alors que la métropole fournisse elle-même l'approvisionnement de bras. Tantôt au contraire la population indigène était numériquement suffisante pour la culture; dans ce cas, il s'agit de l'exciter au travail et de lui inspirer le besoin et l'intérêt de la production. Ici, le climat se prête au labeur de la race blanche; là, il exige celui d'autres races, destinées à la culture des terres tropicales. Autant de situations, autant de règles particulières pour le succès de l'entreprise.

Ainsi que l'a observé Adam Smith, les colonies les plus prospères sont celles qui se fondent, sur une terre fertile, avec des éléments purement européens. Là en effet, point de complications, point de difficultés militaires pour dompter la résistance d'une race indigène, point d'embarras politiques pour gouverner et administrer des populations qui ont leurs superstitions, leurs préjugés, leurs coutumes. Tout est simple, sinon aisé : les colons apportent avec eux les mœurs et les habitudes de la métropole, et ils ne demandent point d'autres lois que celles de la mère-patrie. Le grand problème, c'est de les attirer en nombre suffisant pour former dans la colonie nouvelle une société qui vive par elle-même, se développe et couvre peu à peu les frais de premier établissement. Les colonies anglaises de l'Amérique du Nord, devenues depuis les Etats-Unis, présentent le spectacle tout à fait exceptionnel d'une colonie qui s'est créée naturellement, avec les seules ressources d'une immigration spontanée et libre, déterminée par le sentiment religieux ou politique, et attirée par la fertilité du sol, par la similitude du climat et par la facilité des communications avec l'Europe. En Australie, c'est par l'expédient de la transportation des criminels que la métropole a inauguré la colonisation. Il est permis de critiquer aujourd'hui les colonies pénales et de professer que de mauvais éléments il ne peut rien sortir de bon ni de durable; mais à l'époque où l'Angleterre appliqua ce système, elle n'avait point d'autre population à envoyer en Australie. Alors que l'Amérique était aux portes, reliée avec l'Europe par des relations commerciales déjà fréquentes et régulières, quel colon libre aurait eu la pensée d'affronter les ennuis et les périls de la traversée australienne? Dans certaines îles des Antilles et de la mer des Indes, ce sont les flibustiers, dans la Nouvelle-Hollande ce sont les condamnés qui ont formé pour ainsi dire le tuf de la colonisation. En pareille matière, on n'y regardait pas de si près. L'homme et ses bras, voilà ce qui était premièrement indispensable; le capital, dans les colonies pénales, se trouvait fourni par le gouvernement, qui y employait une partie du budget pénitentiaire. Qu'est-il arrivé ensuite? C'est que l'élan étant donné à la production, la culture étant mise en train, la population de la métropole étant devenue exubérante, les terres de l'Amérique du Nord commençant à se couvrir d'habitants, et surtout la vapeur ayant rendu les communications faciles et promptes, les émigrants libres sont arrivés à leur tour et se sont emparés de ce sol vainement flétri. La colonie pénale a disparu du moment qu'elle n'était plus nécessaire; mais elle n'en avait pas moins accompli son œuvre utile en défrichant le terrain et en y jetant les premières semences.

Il est probable qu'on ne verra plus désormais s'organiser de colonies pénales. Sitôt qu'une terre de facile culture, sous un climat sain, s'offrira à la spéculation européenne, la vapeur y apportera l'immigration libre, et celle-ci s'appliquera à y attirer, pour concourir à l'exploitation du sol, une population libre comme elle et issue de la même race. Mais comment payer les dépenses considérables de transport de ces cultivateurs, sans lesquels la terre demeurerait en friche? A quelle source puiser le capital destiné à procurer le travail et à subventionner les bras? Le problème a été ingénieusement résolu par le mode adopté depuis 1830 dans les colonies de l'Australie. Avec le produit de la vente des terres, le gouvernement forme un fonds spécial qui est consacré à l'immigration. Il y a donc dans chaque lot de terre payé par le colon capitaliste le germe d'un colon salarié, et l'acheteur s'assure en même temps la propriété du sol et les moyens de culture. Les auteurs de ce système, auquel est attaché le nom de M. Wakefield, avaient imaginé des combinaisons assez compliquées, notamment pour empêcher que les immigrants ne devinssent eux-mêmes propriétaires au lieu de rester, pendant quelques années au moins, dans la condition de simples travailleurs. Dans cette pensée, ils avaient proposé de tenir le prix des terres à un taux élevé, de manière à n'ouvrir qu'au capitaliste l'accès de la propriété. Ces combinaisons n'ont pas été appliquées; la pratique n'a emprunté au système Wakefield que l'idée fondamentale de l'immigration défrayée avec la vente des terres, et le succès a été décisif. Par ce procédé, la colonie se peuple selon ses besoins, elle alimente le budget de l'immigration, elle fournit les ressources à l'aide desquelles le gouvernement lui procure les bras nécessaires en veillant à ce que la proportion des âges, des sexes et des professions soit convenablement observée dans les envois d'immigrants, condition fort essentielle pour le développement moral comme pour la prospérité matérielle de la colonie.

Dans les contrées accessibles au travail des Européens, est-il avantageux de provoquer en même temps l'importation des travailleurs africains et asiatiques? L'expérience ne semble point favorable à cette opinion. En Californie et en Australie, la découverte des mines d'or avait attiré un grand nombre de Chinois, et il n'en est résulté, dans les deux pays, que confusion et désordre. On peut remarquer encore que dans les zones tempérées du Nouveau-Monde, la colonisation européenne voit disparaître peu à peu devant elle les anciennes populations indigènes. Ce fait est général : il se produit aux Etats-Unis, dans la Plata, au Chili, etc.; c'est ce que l'on appelle le refoulement des Indiens. Quoi que l'on ait dit et écrit en faveur de la fusion des races sur toute la surface de la terre, il n'y a là qu'un rêve philosophique qui, nulle part encore, ne s'est réalisé. Partout où l'Européen s'établit et peut se suffire à lui-même, il éloigne les autres races et demeure seul maître du terrain. Il ne convient donc point de provoquer dans les colonies que nous examinons l'immigration d'une race étrangère; ce serait aller contre la nature des choses en essayant de réunir des éléments contraires et antipathiques. Il ne faut ni encourager ni entraver le mouvement de cette immigration, qui se maintiendra d'elle-même dans les proportions convenables pour éviter les conflits.

La situation est toute différente dans les colonies tropicales. Ici, l'Européen ne peut se livrer aux rudes travaux de la culture. Il est donc obligé, soit d'employer la population indigène quand celle-ci existe en nombre suffisant, soit d'introduire dans la colonie des immigrants qu'il va chercher dans les pays situés sous les mêmes latitudes. L'emploi intelligent et heureux de la population indigène est assurément le mode le plus économique et le plus fécond pour développer la production coloniale. Sous ce rapport, les colonies asiatiques possèdent d'immenses ressources. Dans l'Inde anglaise, à Java, à Luçon, la population est plus que suffisante pour mettre en valeur toute la portion de sol à laquelle peut se consacrer, quant à présent, le capital européen. Aussi les métropoles n'ont point à y introduire de nouveaux instruments de travail; mais elles doivent s'appliquer à tirer le meilleur parti des éléments qui existent. Or il ne paraît point que ce problème ait été résolu. Dans l'Inde anglaise, le laboureur est accablé de charges et d'impôts : la majeure partie de la récolte va au fisc ou s'arrête dans les mains des chefs indigènes, et il n'en reste parfois que le tiers ou même le quart pour la rémunération du travail. Le salaire est donc réduit à un taux extrêmement bas, et il en résulte que la population reste pauvre, n'est point encouragée à produire, et produit peu. A Java, le gouvernement hollandais a dégagé de l'ancienne législation du pays le principe d'un système de culture que l'on a vanté comme très habile, et qui n'est autre chose que la corvée féodale. Sous ce régime, la production de l'île s'est beaucoup accrue; mais il n'y a là qu'un succès relatif, et d'ailleurs la corvée n'est point un système que l'on puisse appliquer partout ni que l'on doive recommander à aucun degré. A Luçon, le gouvernement espagnol est tombé dans l'excès contraire, il laisse la population livrée à son indolence naturelle, il ne la contraint pas au travail, et il fait comme elle, il ne fait rien. Assurément il n'y a point de question plus difficile que celle de l'organisation du travail dans les colonies aussi bien que dans les métropoles. Soit que l'on veuille peser trop lourdement sur les populations, soit que l'on s'abstienne, on risque de rencontrer l'écueil et de ne point obtenir les bénéfices que l'on attend d'un établissement colonial. Nous avons vu plus haut à quel point il importe de constituer tout d'abord la propriété. De cette condition première dépendent l'abondance et la régularité de la production. Quelles que soient les différences de mœurs et de traditions, il y a certains principes qui partout, sous le soleil du tropique comme dans les zones tempérées, en Asie comme en Europe, dans le Nouveau-Monde comme dans l'ancien, sont à la fois rationnels et efficaces. A la garantie du droit de propriété joignez le travail libre, et encouragez le travail par le libre échange des produits. Il est permis d'affirmer que ce sont là les seuls procédés à employer utilement à l'égard des populations indigènes, au lieu des expédients et des systèmes compliqués que la Hollande et l'Angleterre ont adoptés dans leurs possessions asiatiques; c'est dans cet esprit que doivent être conçues les combinaisons de la colonisation moderne.

Il nous reste à examiner les colonies où le travail, interdit aux Européens par les ardeurs du climat, est obligé de chercher ses instruments au dehors. Telles sont les Antilles, Maurice, Bourbon, etc. Pendant trois siècles, l'esclavage leur a fourni les bras. Cette ressource leur fait aujourd'hui défaut. Comme institution sociale, l'esclavage est partout flétri; comme instrument de travail, il est déprécié. Ce sera l'honneur de notre siècle de l'avoir décidément frappé de mort. Le jour approche où il aura complètement disparu de tous les points de la terre où règne la loi européenne. Il est donc inutile de le discuter, et l'avenir n'a plus à s'occuper de lui autrement que pour remplacer les services matériels qu'il rendait à la culture tropicale. C'est aux populations surabondantes de l'Inde et de la Chine que les métropoles vont demander les travailleurs dont elles ont besoin depuis que la suppression de la traite et l'émancipation ont tari la source de l'esclavage africain. Les îles de Maurice et de Bourbon ont profité les premières de cette voie nouvelle qui leur a été ouverte : les Antilles et les Guyanes ont suivi leur exemple, et il n'y a plus qu'à régulariser le courant d'immigration qui s'est établi sous le contrôle des gouvernements.

Tels sont les moyens qui, dans les différentes colonies, permettent d'assurer et de développer la production, soit en attirant l'émancipation européenne, soit en tirant parti des populations indigènes, soit enfin en puisant dans l'immense réservoir des populations asiatiques les instruments de travail. Grâce aux facilités toujours croissantes de la navigation entre les régions les plus éloignées les unes des autres, les transports de colons et de travailleurs sont devenus peu coûteux, et malgré la suppression de l'esclavage il n'y a plus à craindre que les bras manquent au sol partout où le capital juge à propos de se consacrer à l'exploitation coloniale; mais tous ces moyens, tous ces efforts demeureraient stériles, si le régime commercial ne favorisait pas à la fois et le capital et le travail, en leur procurant des marchés pour l'échange de leurs produits. C'est ce qui fait que la législation douanière concernant les colonies a de tout temps été l'objet des études les plus sérieuses et des plus ardentes controverses.

Section III.

Le régime commercial des colonies européennes a été, dès l'origine, fondé sur le monopole, c'est-à-dire que la mère-patrie s'attribuait le droit exclusif d'acheter à la colonie les matières premières et de lui vendre les articles manufacturés. Par ce moyen, comme elle écartait toute concurrence, elle pouvait acheter à bon marché et vendre cher. Le monopole exercé par la mère-patrie était souvent doublé d'un autre monopole exercé par des compagnies particulières. Le commerce lointain exigeant une grande masse de capitaux, et comportant des risques que n'aurait point affrontés la spéculation privée, on jugea nécessaire d'encourager la formation de compagnies pour exploiter le trafic colonial à l'abri de toute concurrence, même d'une concurrence nationale. Il en résulta que non-seulement le monopole était d'autant plus dur pour les colonies qu'il se trouvait concentré entre un moins grand nombre de mains, mais encore qu'il se retournait contre la métropole elle-même, obligée de payer aux compagnies un droit de commission, un courtage pour les opérations dont celles-ci avaient le privilège. Tel était dans le principe le régime du commerce avec les colonies. Le monopole métropolitain formait la base du système; le monopole des compagnies était un expédient auquel il fallait souvent avoir recours pour attirer les capitaux vers ce genre d'opérations.

Cette législation était conforme à l'esprit du temps. Les peuples les plus éclairés de l'Europe pratiquaient pour leur propre compte le système réglementaire et restrictif qu'ils appliquèrent à leurs établissements d'outre-mer, et les gouvernements croyaient faire preuve d'habileté et de sollicitude en s'ingéniant par mille moyens à défendre le marché colonial, ainsi que le marché intérieur, contre toute intervention étrangère. L'Espagne voulait recevoir seule de première main les métaux précieux du Pérou et du Mexique; la Hollande se réservait exclusivement le commerce des épices; la France et l'Angleterre agissaient de même pour le sucre et le café de leurs possessions coloniales. D'un autre côté, chaque métropole entendait que les colonies n'eussent point la faculté de s'approvisionner ailleurs que chez elle en produits manufacturés; non-seulement toute importation étrangère leur était interdite, mais encore toute industrie était bannie de leur sol : elles ne pouvaient ni fabriquer le fer, ni filer le coton, ni raffiner le sucre. Comment s'étonner qu'il en fût ainsi, quand on observe que dans le même temps l'Angleterre prohibait la sortie des céréales, de la laine, des machines, des ouvriers, en un mot de tout instrument de production, et frappait de taxes très élevées les produits des manufactures étrangères? Si l'Angleterre croyait devoir adopter cette politique dans ses rapports avec les autres peuples, combien elle était plus libre dans l'application du régime de la prohibition et du monopole, quand elle se trouvait en présence d'une colonie! Du XVIe au XVIIIe siècle, ces doctrines étaient partagées par tous les gouvernements de l'Europe; elles ne rencontraient aucune contradiction, et la prospérité du commerce colonial proprement dit devait paraître une suffisante justification du système, car, il faut bien le reconnaître, les profits de cette branche particulière de commerce étaient très considérables : c'était de là que s'élevaient les plus grandes fortunes. Seulement on ne voyait pas alors où devait nécessairement aboutir, dans une période plus ou moins éloignée, un régime aussi contraire à la loi naturelle.

Comme il était interdit à la colonie d'exporter directement ses produits pour l'étranger, il fallait bien combiner les tarifs de manière qu'elle fût assurée d'en obtenir le placement sur le marché de la métropole à des prix rémunérateurs; sinon elle aurait été bientôt ruinée, et elle aurait manqué des moyens d'échange pour payer les articles manufacturés fournis par la mère-patrie. On fut donc obligé de lui garantir ce marché en frappant de droits plus élevés les productions des autres provenances. Telle fut l'origine des tarifs différentiels établis dans les métropoles, d'abord pour favoriser les colonies contre la concurrence étrangère, puis pour favoriser certaines colonies contre la concurrence de certaines autres, auxquelles la fertilité du sol, l'abondance du travail ou leur situation géographique créaient des avantages naturels qui diminuaient le prix de revient de leurs produits. C'est le système connu sous le nom de pacte colonial.

Rien de plus logique en apparence que ce système fondé sur la réciprocité. Alors que la liberté du commerce n'existait presque nulle part et que les nations industrielles se refusaient, avec une égale obstination, à échanger leurs produits fabriqués, la métropole, considérant les colonies comme un agrandissement de son marché intérieur, devait proscrire dans ses possessions, comme elle le faisait elle-même à ses frontières, toutes les importations du dehors. D'un autre côté, comme les colonies ne pouvaient payer les produits métropolitains qu'à la condition de vendre leurs propres récoltes, la mère-patrie leur ouvrait un marché privilégié. Monopole et privilège, telle est en deux mots la définition du pacte colonial, et il est utile de démontrer comment ce système tout artificiel devint, à la longue, préjudiciable pour les colonies comme pour les métropoles.

Tant que celles-ci purent vendre à de hauts prix sur le marché colonial les produits de leurs manufactures, sans être obligées de concéder sur leur propre marché un privilège aux produits coloniaux, tout alla bien : si les colonies étaient lésées en payant trop cher les articles fabriqués, les métropoles y trouvaient leur bénéfice, et c'était là le principal but de la colonisation. Plus tard, lorsque, par l'effet de ce régime, les colonies virent s'accroître leurs charges de culture au point de ne pouvoir plus produire au prix normal; lorsque, pour les soutenir, on dut leur accorder une situation privilégiée en surtaxant les produits des autres provenances, ce furent les métropoles qui subirent à leur tour les conditions onéreuses du nouveau pacte, en payant plus cher les matières brutes et les denrées de consommation qui leur étaient expédiées non-seulement de leurs possessions appauvries, mais encore des divers points du monde. Selon la théorie du pacte, ce sacrifice aurait dû être compensé par les avantages que procurait aux manufactures le monopole dont elles étaient en possession sur le marché colonial: mais en fait il n'en était pas ainsi. Tandis que certaines branches d'industrie tiraient parti de cet état de choses, la masse de la nation souffrait du renchérissement des matières premières et des denrées de consommation, et, tous comptes faits, l'application du système se soldait par une perte plus ou moins considérable, selon que la situation des colonies réclamait une surtaxe plus ou moins élevée sur les produits étrangers importés concurremment dans la métropole.

La législation maritime venait encore aggraver les conséquences du pacte colonial. Les manufactures métropolitaines jouissant d'un monopole, et les colonies d'un privilège, la marine devait également se présenter à ce concours de la protection et demander sa part. Cette part lui fut faite aussi large que possible : on lui concéda le droit exclusif d'opérer les transports entre la métropole et les colonies. On se proposait ainsi de développer la puissance navale du pays et de servir un grand intérêt politique ; mais que pouvait-il résulter de ce nouveau monopole, sinon la cherté des transports, cherté qui grevait à la fois les articles manufacturés vendus aux colonies et les produits coloniaux vendus à la métropole?

Ce régime fut appliqué pendant près de deux siècles, plus ou moins rigoureusement, par les différentes puissances coloniales. Adam Smith fut le premier qui osa le combattre au nom de la science, et encore ses critiques, très décidées sur tout ce qui concernait le monopole des grandes compagnies et les privilèges du commerce, se montrèrent-elles assez timides contre le monopole maritime; il semble que sa haute raison d'économiste se sentit troublée au moment d'attaquer l'acte de navigation, le palladium de la grandeur britannique! Les disciples d'Adam Smith continuèrent l'œuvre du maître, et il est permis de supposer que, dès le commencement de ce siècle, le régime colonial aurait succombé sous leurs attaques, si deux grands faits, la guerre européenne et l'abolition de l'esclavage, n'avaient engagé les gouvernements à ajourner tous les projets de réforme.

Depuis quelques années seulement, par l'initiative de l'Angleterre, l'ancienne législation est définitivement condamnée. D'abord les idées se sont modifiées sur le rôle même des colonies. Celles-ci ne sont plus considérées comme des vassales, comme des sujettes taillables et corvéables à merci, livrées aux exigences et aux caprices de la domination métropolitaine : aucun homme d'état n'oserait plus de notre temps soutenir cette doctrine qui a inspiré les législateurs des temps passés. En second lieu, après avoir subi la contagion du régime prohibitif qui était en vigueur et en honneur dans les métropoles, les colonies commencent à ressentir les bienfaits du régime plus libéral que les principales nations du monde ont adopté en matière de commerce et de navigation. Les colonies sont entraînées comme les métropoles dans le courant des principes économiques qui recommandent la liberté des échanges. Aussi, tandis qu'autrefois toute disposition concernant les colonies était une restriction, une entrave nouvelle, nous voyons aujourd'hui les lois et les règlements procéder dans le sens contraire. Pendant trois siècles, on a pensé que le principal avantage à retirer d'une colonie était la permanence d'un marché privilégié pour les fabriques de la métropole; on a sacrifié tout à cette pensée en s'attachant à favoriser premièrement les exportations de la mère-patrie, au risque de frapper dans sa source, c'est-à-dire dans son prix de revient, la production coloniale. La doctrine moderne considère que l'avantage le plus précieux que présente une colonie, c'est de procurer à l'industrie et à la consommation des métropoles la plus grande quantité de denrées et de matières premières ; elle s'applique donc à développer d'abord la production de la colonie, pour que celle-ci, devenant plus riche, créant plus abondamment la richesse destinée à l'échange, puisse demander en même temps une plus grande quantité d'articles manufacturés et offrir un débouché plus large aux fabriques métropolitaines. C'est là, sans contredit, le meilleur système, et il est aisé de prévoir que dans un prochain avenir il sera partout adopté. Si l'on veut se rendre compte du progrès qui s'est opéré à cet égard dans la législation française, que l'on se rappelle les luttes ardentes auxquelles a donné lieu, en 1851, la discussion de la loi sur le régime douanier de l'Algérie : que de protestations, que de clameurs contre cette loi de justice et de bon sens! Eh bien! dix ans après, en 1861, nous avons vu déchirer sans difficulté le pacte colonial et proclamer le principe d'émancipation commerciale pour nos possessions d'outre-mer. La réforme n'est point complète, il reste encore quelques débris de l'ancien ordre de choses; mais le coup décisif a été porté, et il n'est pas douteux qu'après l'exemple donné par l'Angleterre et par la France, les autres métropoles, l'Espagne, les Pays-Bas, le Portugal, ne tarderont pas à décréter la liberté du commerce dans leurs colonies.

Est-il besoin de démontrer les avantages que doit procurer la solidarité établie ou plutôt rétablie, selon la loi naturelle, entre tous les marchés du monde? En premier lieu, il est infaillible que l'agriculture coloniale s'étendra du moment qu'elle ne sera plus enchaînée dans les liens du monopole et qu'elle pourra vendre partout ses récoltes. Ce n'est point là une théorie, c'est un fait déjà consacré par l'expérience. Java, la terre classique du monopole, a vu sa production s'accroître notablement à mesure que le commerce libre a été appelé à prendre une plus grande part à l'exploitation agricole et commerciale des possessions hollandaises, concurremment avec la grande Compagnie des Indes, qui ne s'est maintenue jusqu'à ce jour qu'en se dépouillant, à chaque période, d'une portion de ses anciens privilèges. L'Australie produit d'immenses quantités de laine, parce qu'elle peut les exporter à toutes destinations. On ne citerait pas une seule colonie où la liberté d'exportation n'ait pour résultat un accroissement de produits, par conséquent de richesse. En second lieu, lorsque toutes les métropoles auront la faculté de s'approvisionner dans toutes les colonies indistinctement, l'industrie manufacturière obtiendra directement et dans des conditions plus régulières et plus économiques les matières qui lui sont indispensables. De même, les denrées de consommation que les pays des zones tempérées demandent aux régions tropicales se répandront plus aisément sur les différents marchés. Enfin une production plus abondante d'un côté et une consommation mieux assurée de l'autre amèneront nécessairement un mouvement d'échanges qui profitera à l'industrie, au commerce et à la marine, et qui, par son universalité, échappera au danger des crises, si fréquentes sur les marchés restreints.

Craindrait-on qu'avec ce système toutes les colonies ne devinssent en quelque sorte la proie commerciale de celle des nations du monde qui aurait acquis la supériorité industrielle et maritime, et viendrait-on prétendre par exemple que l'Angleterre, à la faveur des franchises si libéralement concédées, s'établirait en maîtresse dans tous les comptoirs, et enlèverait ainsi aux autres métropoles les bénéfices de la propriété coloniale pour ne leur en laisser que les charges? Il y a quelques années, ces appréhensions pouvaient avoir une certaine portée. Les gouvernements et les peuples attribuaient à la concurrence étrangère une influence désastreuse; l'invasion des produits fabriqués au dehors leur inspirait une sainte terreur, et ils la repoussaient par les moyens les plus énergiques. Qu'a-t-on vu cependant dès le premier jour où l'on a essayé de vaincre cette répugnance et d'abaisser les barrières qui arrêtaient les échanges internationaux? Qu'a-t-on observé à mesure que l'on a partout supprimé les prohibitions et diminué les droits de douane? L'expérience a prouvé que l'industrie nationale, prise en masse, ne relève que d'elle-même et qu'elle conserve une force de résistance presque invincible contre la concurrence qui vient la chercher sur son propre terrain : bien plus, cette concurrence est un stimulant qui accroît l'énergie et la valeur du travail. Et ce ne sont pas là de vaines déclamations de théorie; ce sont des faits universels et éclatants. La concurrence britannique, qui devait tout dévorer, n'a entamé ni l'industrie belge, ni l'industrie suisse, ni l'industrie allemande, pas plus qu'elle ne ruinera l'industrie française, et l'on a remarqué au contraire que jamais le progrès manufacturier en Europe ne s'est développé aussi rapidement qu'à partir du moment où cette concurrence a été enfin acceptée. D'ailleurs, si énorme que soit la production anglaise, elle ne saurait suffire à tous les marchés, et précisément parce qu'elle est énorme, elle exige des approvisionnements immenses et elle éprouve de grands besoins de consommation, pour lesquels elle invoque l'assistance du monde entier. Si donc ce fantôme de la concurrence s'est évanoui pour les métropoles, comment s'aviserait-on de le ressusciter quand il s'agit de leurs colonies? Et si l'on s'inquiétait outre mesure, pour l'industrie métropolitaine, de la concurrence ouverte sur un marché qui lui était naguère exclusivement réservé, il ne faut pas perdre de vue que les colons gardent toujours une préférence instinctive aux produits fabriqués dans la mère-patrie, ce qui constitue en faveur de ces derniers une protection naturelle et légitime. Enfin, le système de liberté étant appliqué dans toutes les possessions européennes, comme il le sera infailliblement sous l'inspiration de la doctrine économique dont nous constatons aujourd'hui le triomphe, les nations industrielles gagneront évidemment beaucoup plus à obtenir l'accès des colonies étrangères qu'elles ne perdront à se voir privées des privilèges dont elles étaient en possession dans leurs propres colonies. Un vaste marché avec la concurrence vaut mieux qu'un marché restreint avec le monopole.

Section IV.

Dans l'étude de l'organisation coloniale, le régime commercial n'est point seulement très important par lui-même, à raison de l'influence qu'il exerce sur la production; il se rattache en outre à l'ensemble de la question fiscale, et l'on doit s'y arrêter de nouveau lorsque l'on examine ce qu'une colonie rapporte ou ce qu'elle coûte au budget de la métropole.

En général, tout établissement colonial est, pour le budget, une lourde charge. A l'exception de Cuba et de Java, qui versent chaque année dans les caisses de l'Espagne et des Pays-Bas un excédent de leurs recettes sur leurs dépenses d'entretien, les colonies ne figurent qu'au passif des budgets métropolitains. L'Angleterre dépense annuellement près de 100 millions de francs pour les frais de son empire colonial, non compris l'Inde. En France, le chiffre est grossi par les dépenses militaires de l'Algérie. Hâtons-nous de rappeler cependant que ce n'est point ainsi que l'on doit faire la balance financière des colonies. Si leurs dépenses peuvent se traduire en chiffres exacts, il n'en est pas de même des avantages qu'elles procurent. Leur actif consiste dans l'influence politique qu'elles donnent à la mère-patrie, dans le développement qu'elles impriment à l'industrie, au commerce et à la marine. Ce sont des éléments qu'il est impossible de chiffrer exactement, mais qui ont une très grande valeur, en contribuant au prestige et à la prospérité du pays.

Il n'en faut pas moins se préoccuper des sacrifices qu'imposent les colonies, et en Angleterre, où ces questions ont été plus particulièrement agitées, les arguments produits à l'appui d'une diminution de dépenses se sont inspirés en partie de la situation nouvelle que créait aux établissements d'outre-mer leur émancipation commerciale. Tant que les colonies étaient sous le joug direct et absolu de la métropole, il fallait bien que celle-ci pourvût sur ses propres fonds à tous leurs besoins, et qu'elle fît entièrement les frais d'une administration instituée surtout en vue de protéger contre les colonies elles-mêmes l'intérêt du commerce et de la navigation britanniques. Mais, lorsque le lien du monopole s'est relâché, on a pensé, non sans raison, qu'en abandonnant une portion de ses anciens droits, la mère-patrie pouvait se départir d'une portion correspondante de ses anciens devoirs, et que les colonies auraient à supporter désormais la charge du régime plus libre qui leur était octroyé. L'argument tiré de l'émancipation commerciale fut corroboré par les prétentions qu'élevaient en même temps les colonies pour obtenir, sinon l'émancipation politique pleine et entière, du moins la faculté de s'administrer elles-mêmes d'après le système des institutions représentatives, c'est-à-dire de voter l'impôt et de régler l'emploi des revenus sous le simple contrôle de l'autorité métropolitaine. Vainement quelques esprits timides ou attardés dans les vieilles doctrines essayèrent-ils de protester contre une innovation qui leur semblait ou périlleuse ou contraire à la dignité de la métropole. Les économistes, les financiers de la chambre des communes, enfin les hommes d'état qui ne se piquent pas de professer la théorie, mais qui s'honorent en ne la dédaignant pas quand elle est mûre pour la pratique, jugèrent que la majesté de la Grande-Bretagne ne serait atteinte en aucune façon par une réforme qui allégeait les dépenses de l'état, et aujourd'hui la discussion ne se poursuit plus que sur des points de détail, le principe du *self-government* étant admis en faveur de toutes les colonies où il a semblé praticable. Ainsi le point de départ des économies réalisées par le budget colonial de la Grande-Bretagne a été la réforme du régime commercial et politique, et l'on peut admettre comme une règle générale que le montant des dépenses qu'une métropole est obligée de s'imposer pour ses colonies, diminue en raison du degré de liberté qu'elle leur accorde. Cette règle, il est vrai, n'est point applicable partout dans une égale mesure, les établissements coloniaux se trouvant dans des situations très diverses; mais il importe de la reconnaître, parce qu'elle peut servir de guide aux métropoles et les engager à développer dans leurs possessions les principes libéraux dont il est équitable que celles-ci acquittent le prix.

La question de l'impôt ne le cède pas en importance aux questions que nous avons successivement examinées. Une société déjà ancienne peut vivre et se développer en dépit d'un vicieux système de contributions : il n'en est pas de même d'un établissement colonial. Ici, il suffit d'une taxe mauvaise ou seulement inopportune, d'une fausse manœuvre fiscale pour étouffer dans leur germe ou arrêter dans leur essor les éléments de prospérité. L'impôt exerce une influence directe et décisive sur le capital et sur le travail : dans une contrée civilisée et peuplée depuis des siècles, le capital et le travail sont attachés au sol par des liens assez solides pour résister aux atteintes d'une faute économique, et l'on n'a pas à craindre leur émigration totale, tandis que dans un pays neuf, où ils n'ont pas encore pris racine, on ne peut les attirer et les retenir qu'au moyen de ménagements excessifs, en les traitant avec toute sorte d'égards : or ce qu'ils redoutent le plus, c'est l'impôt. Le législateur, dans une colonie nouvelle, doit donc écarter toute taxe qui, frappant directement le capital et le travail, aurait pour résultat infaillible d'éloigner l'un et l'autre. Il doit également proscrire les impôts d'enregistrement et de timbre, que le génie fiscal a rendus si lourds dans la plupart des métropoles. Ces taxes grèvent la transmission du sol, et elles seraient particulièrement funestes dans des contrées où il importe que la propriété territoriale conserve les plus grandes facilités pour changer de main, jusqu'à ce qu'elle rencontre un capital suffisant ou un travail assez énergique pour la mettre en valeur.

Dans les colonies habitées exclusivement par une population européenne, l'exemple de l'Australie montre que l'impôt peut être sans inconvénient puisé à deux sources : le produit de la vente des terres domaniales et les droits de douane. L'immigrant qui achète un lot de terre ne s'inquiète que du prix total qui lui est demandé, et il accepte ou plutôt il ne voit pas l'impôt qui se trouve confondu avec ce prix. Quant aux droits de douane, ils ne sauraient atteindre sensiblement le capital de roulement, ni affecter le salaire, car, les colonies produisant dès l'origine et avant toutes choses les denrées nécessaires à leur subsistance, les taxes ne peuvent frapper que des articles fabriqués dont la consommation n'est point de première nécessité, et qui sont payés par un prélèvement sur la rente du sol ou sur le profit de la main-d'œuvre, c'est-à-dire sur les bénéfices acquis de la colonisation. Plus tard, à mesure que la propriété se développe, la colonie se trouve naturellement amenée à emprunter les formes variées de taxes indirectes et même directes qui sont en vigueur dans leurs métropoles, et elle devient libre de penser que l'impôt, comme l'ont affirmé certains publicistes, est non-seulement un signe, mais encore un élément de richesse. Ici, du reste, on doit remarquer que l'action et le rôle du gouvernement métropolitain s'effacent devant l'initiative des colons, qui, dans les établissements arrivés à cette période de croissance, sont les meilleurs juges de ce qui les intéresse en matière d'impôt.

Les colonies que les Européens possèdent par droit de conquête, et dont le sol demeure occupé par une population indigène, présentent, au point de vue de l'impôt, plus de ressources. Si le produit de la vente des terres domaniales y fait généralement défaut (ce qui est même désirable, car cela prouve que la propriété est constituée et répartie entre les indigènes), il reste le produit des douanes, auquel s'ajoute sans difficulté celui de licences ou de monopoles pour la vente des spiritueux ou d'autres articles, tels que l'opium, dont il est moral de restreindre la consommation par des taxes élevées. Le revenu le plus important néanmoins est ordinairement l'impôt territorial qui existait avant la conquête, et que les Européens n'ont eu qu'à maintenir. Dans les Indes anglaises et à Java, il forme l'élément le plus considérable du budget des recettes. Il serait trop long d'entrer ici dans les détails compliqués des divers modes selon lesquels est perçu l'impôt foncier dans ces deux grandes colonies. C'est le principe même de la taxe que nous avons à examiner, et ce principe est inattaquable; mais on peut le fausser et l'aggraver par un mauvais système de perception. C'est ce qui est arrivé dans plusieurs régions de l'Inde anglaise, où le gouvernement délègue ses droits à des intermédiaires qui en abusent contre les contribuables, et à Java, où l'impôt, qui d'après l'ancienne loi devrait représenter le cinquième de la récolte, est souvent converti en journées de travail, c'est-à-dire en corvées personnelles. Ces procédés ont pour conséquence d'atteindre la liberté de la main-d'œuvre, de maintenir sous le joug du servage et de la misère des populations qui, vraisemblablement, sur une terre aussi fertile, pourraient aspirer à l'aisance, si l'impôt, moins par lui-même que par son mode de perception, ne pesait pas aussi lourdement sur elles. Dans les îles Philippines, les Espagnols ont trouvé établie une taxe de capitation, et ils l'ont conservée; mais cette taxe, paraît-il, est très malaisée à percevoir, le contribuable se dérobant avec une extrême agilité dès qu'il aperçoit l'agent du fisc. L'impôt foncier est de tous points préférable. Il convient seulement d'en régler le taux d'après celui du revenu territorial, de le percevoir directement et non par intermédiaire, enfin de le faire payer en argent et non en nature. A ces conditions, l'impôt devient lui-même un instrument actif de colonisation dans toute contrée jouissant de la liberté commerciale.

Nous avons réservé pour la fin de cette étude l'examen très sommaire des questions qui se rattachent au régime politique et administratif des colonies. Autant sont absolus les principes qui président à la constitution économique, autant les règles de gouvernement sont variables selon le caractère, les besoins et les intérêts particuliers de chaque région. Considérons d'abord les colonies où domine l'élément européen. On retrouve en chacune d'elles l'empreinte fidèle des institutions et des mœurs de la mère-patrie. Le voyageur qui visite successivement une possession anglaise, une possession espagnole, une possession française, reconnaît au premier coup d'œil les libertés politiques et les inégalités sociales de la Grande-Bretagne, l'intolérance religieuse et l'indolence administrative de l'Espagne, l'égalité civile et le système ultra-réglementaire de la France. Ces analogies entre la métropole et la colonie sont naturelles et inévitables, chaque nation transportant partout où elle s'établit ses lois, ses mœurs et son génie. On observe cependant que les établissements les plus prospères sont ceux où la plus grande part est laissée au principe de liberté, où la direction administrative de la métropole consent à s'effacer devant l'esprit d'indépendance qui se produit toujours au sein d'une société coloniale. C'est ainsi que les établissements de la race saxonne se peuplent et s'enrichissent plus vite que ceux de la race latine, parce que leur régime plus libéral attire les étrangers aussi bien que les nationaux, et s'accorde mieux avec les instincts aventureux des colons qui s'exilent de la vieille Europe. La législation compliquée et la discipline sévère d'une métropole où se pressent, sur un territoire encombré, tant d'intérêts armés l'un contre l'autre par d'anciens antagonismes, ne conviennent point dans un pays neuf. L'expérience conseille de laisser autant que possible aux colons la conduite en même temps que la responsabilité de leurs propres affaires. L'Angleterre a donné l'exemple de cette politique bienveillante autant qu'habile en accordant soit des parlements, soit des conseils législatifs, à celles de ses colonies qui lui ont paru mériter cette confiance et cet honneur. En 1833, la France avait institué dans plusieurs de ses possessions des conseils électifs investis du droit de voter les contributions et les dépenses locales. Le régime actuel, qui date du sénatus-consulte de 1852, est moins libéral que celui qui a été en vigueur de 1833 à 1848. Pourquoi cela? Nous ne possédons point de colonies qui, pour l'étendue du territoire et pour le nombre de la population blanche, puissent être comparées avec le Canada ou l'Australie; mais il est difficile d'apercevoir pour quels motifs nos Antilles, la Guyane, Bourbon, ne seraient point dignes d'obtenir des institutions analogues à celles qui régissent la Jamaïque et la plupart des Antilles anglaises. Si l'on objectait que la France, elle aussi, a vu restreindre en 1852 les attributions de ses assemblées et que ses possessions ont dû subir le même sort, il serait facile de répondre d'abord que la constitution actuelle de la France peut n'être point citée en toute occasion comme un progrès ni comme un modèle; puis, pour nous en tenir exclusivement à notre sujet, que la société coloniale est une société *sui generis*, composée et organisée tout autrement que ne l'est la société métropolitaine et comportant d'autres lois. Faut-il rappeler que sous l'empire des césars il y avait dans les colonies romaines, alors si florissantes, plus de liberté qu'à Rome?

Quand on étudie le régime applicable aux colonies où la métropole se trouve en présence d'une nombreuse population indigène, on est obligé de recourir à des principes différents. Dans ce genre de colonies, ce n'est point l'immigrant européen qui crée la richesse, c'est l'indigène. Dès lors, tout en concédant à la population européenne la plénitude de la liberté civile, religieuse et commerciale, la métropole doit lui mesurer d'une main plus avare les attributions politiques et fiscales, car d'une part il faut qu'elle protège le colon contre les protestations et les révoltes du peuple conquis; d'autre part, il faut qu'elle protège l'indigène contre l'avide exploitation du colon. Il y a là un double rôle de maître et d'arbitre que la métropole seule peut remplir. Ces colonies doivent être fortement gouvernées et administrées, et par les périls que la domination hollandaise a courus à Java, par la récente révolte de l'Inde anglaise, par l'exemple de notre Algérie, on peut se rendre compte des difficultés immenses de ce grand problème. De généreux esprits, frappés de l'impulsion providentielle qui a porté vers les territoires de l'Afrique et de l'Asie le drapeau civilisateur de l'Europe, ont exprimé la pensée que la solution du problème réside dans la fusion, dans l'assimilation des races, de telle sorte que le devoir comme l'intérêt du conquérant serait d'élever à son niveau la nation conquise, de l'admettre peu à peu au partage de ses droits, et de l'absorber ainsi dans une fraternelle unité. Cette théorie de l'assimilation a été provoquée par la doctrine contraire, qui prêche le refoulement et l'extermination des races conquises : c'est là son excuse. A un impitoyable arrêt de mort elle a opposé la séduisante perspective d'une nouvelle vie. Malheureusement cette noblesse de sentiments ne recouvre qu'une utopie. Que l'on nous montre entre les diverses races l'exemple d'une seule fusion analogue à celle que l'on espère et que l'on conseille de tenter! Les hordes de l'Asie ont envahi l'Europe; elles s'en sont retournées, et n'ont rien laissé d'elles. Les armées de l'Islam nous ont visités à leur tour; elles ont repassé la mer, oubliant de ce côté quelques traînards dont le sang s'est infiltré et perdu dans les veines de l'Espagne. Les Turcs sont à Constantinople depuis plus de quatre siècles, et nous prétendons justement qu'ils n'y sont que campés. Depuis que l'Europe est en Amérique, depuis qu'elle est débarquée en Asie, où s'est-elle fusionnée avec une seule tribu indigène? Comment donc bâtir un système de colonisation sur l'espérance d'un rapprochement de races jusqu'ici antipathiques, sur le rêve d'une sorte de fraternité universelle qui n'est écrite ni dans les lois de la nature ni dans les leçons de l'histoire? Il faut donc croire que si la Providence a daigné nous confier une mission en nous rendant maîtres de toute la terre, cette mission consiste, non pas à réaliser une fusion impossible, mais simplement à répandre ou à réveiller au sein des autres races les notions supérieures dont nous avons gardé le dépôt. Proclamer partout la loi du travail, enseigner une morale plus pure, étendre et transmettre notre civilisation, cette tâche est assez belle pour honorer une grande entreprise coloniale, et c'est en vue de l'accomplir plus sûrement que les métropoles de l'Europe doivent organiser le gouvernement et l'administration dans les vastes territoires où la conquête leur a livré des millions de sujets.

Le problème, ainsi ramené à ses véritables proportions, exige l'emploi de moyens plus faciles à indiquer qu'à pratiquer. Qu'il soit nécessaire d'avoir les plus grands égards pour les coutumes et même pour les préjugés de la race indigène, de respecter sa religion, de reconnaître ses droits de propriété et de possession, de constituer la propriété individuelle là où elle n'existe pas, d'inspirer ainsi le besoin et les habitudes du travail, d'être juste autant que ferme, et de faire en sorte que la nation conquise reconnaisse dans le conquérant un tuteur bienveillant plutôt qu'un maître, ce sont là des axiomes qu'il est à peine besoin de rappeler. Dans les siècles derniers, alors que l'on faisait la chasse aux pauvres Indiens pour les enfouir dans les mines à la recherche de l'or, quand on les obligeait, comme aux Moluques, à brûler leurs récoltes pour rendre les épices plus rares et plus chères, quand des moines fanatiques les convertissaient de force, ces principes auraient paru nouveaux, et on les eût contestés, aujourd'hui, grâce aux sentiments de notre génération, ce ne sont plus que des vérités banales, et pourtant on doit reconnaître qu'elles sont d'application difficile, soit par le fait de l'impéritie des métropoles, soit par suite de la résistance, aveugle ou raisonnée, des races conquises; car, bien que la colonisation en général ait fait de grands progrès, on est loin de toucher le but : nous voyons la France chercher et ne pas trouver encore un système de colonisation pour l'Algérie, qu'elle occupe depuis plus de trente ans!

Si les idées que nous avons exposées sur l'ensemble de la colonisation sont exactes, on sera bien forcé d'admettre que la mise en pratique n'en peut être confiée qu'à des hommes éclairés et compétents. Il ne suffit pas que le gouvernement métropolitain apprécie sainement les intérêts et les besoins d'une population coloniale : il faut encore et surtout que ses instructions soient provoquées avec intelligence et exécutées avec discernement. Il y a des métropoles qui comprennent cette nécessité, et qui, en accordant une rémunération très élevée aux fonctions coloniales, ne confient celles-ci qu'à des agents d'un mérite éprouvé; il est douteux qu'aucune administration en Europe soit supérieure, en probité et en talents, à l'administration des Indes anglaises ou à celle de Java. Il y a d'autres métropoles où le service dans les colonies est considéré comme un exil, infligé même comme une disgrâce.

Ainsi en Espagne, pour ne citer qu'un seul exemple, quand on veut éloigner un fonctionnaire politique devenu gênant, on le déporte dans l'administration des îles Philippines. Ce n'est point pour cela que sont faites les colonies, et l'on se figure aisément ce qui doit résulter de pareils abus Les bons fonctionnaires dans une province lointaine sont plus nécessaires que les bonnes lois : toute métropole qui délègue à un agent improbe ou incapable une part quelconque de son autorité dans la colonie commet une faute grave vis-à-vis d'elle-même, et presque un crime contre les colons.

Elevons même nos regards plus haut, et considérons à son tour le gouverneur, le vice-roi, qui tient toute la colonie sous sa main. En Angleterre et en Hollande, ces pouvoirs redoutables sont remis aux personnages politiques les plus éminents, que l'on prend indistinctement dans le service militaire ou dans le service civil. En France et en Espagne, les fonctions de gouverneur d'une colonie sont confiées le plus ordinairement à des officiers supérieurs ou généraux; le gouvernement de l'Algérie a de tout temps été conféré à une illustration militaire. En un mot, ici l'administration coloniale appartient en principe à des officiers, là elle est le plus souvent déléguée à des fonctionnaires de l'ordre civil. Si nous relevons cette différence, ce n'est assurément pas pour nous associer aux déclamations qui traînent partout contre ce qu'on appelle le régime du sabre, ni pour répéter un plat lieu-commun qui n'est souvent qu'une gratuite injure adressée à de grands et illustres services; mais, nous le demandons sincèrement, étant proposés les problèmes dont nous avons essayé d'indiquer les difficultés et les complications, problèmes qui se rattachent aux plus hautes questions de la politique, du droit, de l'administration, de la science économique, dans quel ordre de fonctionnaires puisera-t-on l'homme appelé à les étudier jour par jour et à les résoudre?... à quoi bon insister? Qu'il se rencontre parmi les militaires des hommes d'élite qui à leur mérite professionnel joignent la connaissance ou l'intuition des questions coloniales, et que le gouvernement les choisisse, rien de mieux : ce choix aura plus d'une fois l'occasion de s'exercer légitimement dans les rangs élevés de notre armée; mais que le gouvernement persiste à ne demander qu'à une seule catégorie des serviteurs de l'état, si distinguée qu'elle soit, l'homme rare qu'il faut pour suffire à une pareille tâche, au lieu de le demander à la nation tout entière, c'est ce que l'on a peine à comprendre. Serait-ce que l'on verrait dans le commandement militaire une puissance de prestige et d'éclat indispensable pour contenir dans le respect les colons ou les nègres, ou du moins les populations guerrières de l'Algérie? Ce sont probablement les militaires qui font courir ce bruit-là. Un bon général, sous un gouvernement civil, battrait tout aussi bien les Arabes que s'il était le gouverneur en personne. Voyez ce qui vient de se passer dans l'Inde. Une insurrection formidable éclate. Il n'a pas été nécessaire de remplacer lord Canning par un général pour en triompher; mais peut-être a-t-on reculé devant le rappel d'un pair d'Angleterre, d'un personnage influent et estimé? Non. Après lord Canning, c'est lord Elgin, un autre civil, qui a été nommé vice-roi de l'Inde encore toute frémissante. Nous avons sous les yeux un tableau dans lequel lord Grey a indiqué les noms et qualités de cinquante-quatre gouverneurs de colonies qui ont été en exercice sous son administration. Parmi ces cinquante-quatre noms, quatorze seulement appartiennent à l'armée ou à la marine. C'est donc en Angleterre une question de principe que, les gouverneurs étant pris dans toutes les carrières indistinctement, les choix militaires forment l'exception. La France s'inspire d'un principe tout opposé. De ces deux principes, lequel est le plus rationnel et le meilleur? Il ne s'agit pas ici d'un parallèle oiseux entre le *militaire* et le *civil*. Il suffit de réfléchir aux conditions et aux études que réclame l'administration coloniale pour s'expliquer comment, ayant toujours été gouvernées par l'autorité militaire, nos colonies en général, l'Algérie en particulier, en sont au point où nous les voyons.

La colonisation est l'une des grandes œuvres de notre temps, et le génie moderne peut s'enorgueillir des sentiments nouveaux qu'il a fait prévaloir dans l'accomplissement de la mission civilisatrice que les précédentes générations lui ont léguée. Naguère encore les mots de métropole et de colonie éveillaient les idées de domination égoïste et de dépendance absolue; la plupart des nations chrétiennes encourageaient la traite des nègres et consacraient l'esclavage ; la conquête pesait comme un joug sur des races inoffensives que le hasard et la force avaient livrées à l'insatiable ambition de l'Europe. Les cris d'humanité et de justice que ce spectacle arrachait à quelques philosophes étaient étouffés sous la voix des plus vulgaires intérêts; les réclamations que de rares esprits osaient élever, au nom de ces intérêts mêmes, contre la politique coloniale des XVIIe et XVIIIe siècles, étaient traitées de rêves et de chimères. Que voyons-nous aujourd'hui? L'esclavage expire, l'ancienne tyrannie des métropoles se détend; on respecte les colons et on protège les indigènes. Autrefois les métropoles ne s'attribuaient que des droits; elles reconnaissent maintenant qu'elles ont des devoirs. C'est toute une révolution dans le système. Certes on doit premièrement en faire honneur aux sentiments de liberté et d'humanité qui, depuis cinquante ans, se sont répandus en Europe; mais il serait injuste de contester la grande influence qu'ont exercée sur la colonisation les idées plus saines que la science économique a professées et propagées. Les théories d'Adam Smith et de ses disciples sur la liberté du travail et du commerce ont enfin triomphé de l'inattention, des préjugés et des dédains. Partout où on les applique, elles donnent l'essor au progrès matériel et moral et à l'avancement politique des sociétés. Attachons-nous donc fidèlement à leur drapeau. Les voici qui, après s'être emparées des métropoles, traversent les mers et visitent les colonies les plus lointaines. C'est par elles que la civilisation, qui suit volontiers la richesse, se répandra plus rapidement sur toute la surface de la terre.

ISBN : 978-1725810099